Pfad der Liebe

Ausgewählte Gedichte

von

Shogufa Bahâr

Inhaltsverzeichnis

Allen Liebhaberinnen und Liebhabern der Poesie gewidmet.

Vorwort der Autorin

Mit diesem Gedichtband möchte ich viele und insbesondere Lyrikliebhaberinnen und Liebhaber in aller Welt an meinem Empfinden teilhaben lassen.

Ich bin in Afghanistan mit Poesie und Lyrik aufgewachsen und dies ist ein wichtiger Teil meines Lebens.

Daher habe ich immer wieder und seit Jahren versucht, zu bestimmten Anlässen meine Ideen, Vorstellungen und Gedanken in poetischer Form auch auf Deutsch so auszudrücken wie es mit in meiner Muttersprache Farsi immer selbstverständlich ist.

Die Gedichte in diesem Band sind zwischen 1990 bis 2020 entstanden. Einige Personen, Ortsnamen und Begriffe, die unbekannt sind, habe ich am Ende des Buches im Glossarteil erklärt.

Mögen die Kennerinnen und Kenner mir meine Unzulänglichkeiten in der deutschen Sprache vergeben und sich auf den Inhalt,

der aus meinem tiefen Herzen kommt,
konzentrieren.

Ich hoffe sehr, dass die Leserinnen und Leser
diese Bilder der Poesie, die meist aus
authentischen Erfahrungen, Erlebnisse,
Begegnungen aber auch aus Wünschen,
Visionen und tiefen Gefühlen entstanden
sind, im vollen Zug genießen.

Shogufa Bahâr

Pfad der Liebe

Ich folge dem Pfad der Liebe,
der Essenz des Lebens.
Sie wohnt tief in meinem Herzen.
Durch das Licht des Ergebens
in mir erwacht, ist sie rein und klar.
Im Himmel meines Herzens
leuchten helle Sterne.
Sie tanzen um einen hellen Mond,
sie verkünden den goldenen Morgen.
Die Strahlen der Sonne erhellen den Weg.
Aus mir wird „Bahar", der Frühling.
Aus mir strömen Klänge hervor,
Melodien des Herzens
im Gewand der Poesie.

Meinen Eltern gewidmet

Die Reise in die Freiheit

Zwei mutige Menschen,
voll von Angst und Bangen,
Verzweiflung und Sorgen,
mit Trauer um den Verlust der Heimat,
voll Frustration und Bitterkeit,
nahmen sie ihre Kinder
auf eine Reise mit, auf eine Reise in die
Ungewissheit.
Sie wagten den Schritt
in frommer Absicht.
Freiheit und Sicherheit,
Geborgenheit und Sorglosigkeit,
Hoffnung und Freude am Leben,
ihnen zu schenken.
Die Reise war schwer.
Der Weg war steinig und rau.
Die Luft war giftig,
Der Himmel war nicht blau.
Sie folgten dem Licht,
das am Horizont leuchtete.

Sie folgten der Spur,
das Ziel war in Sicht,
die hohen Berge,
die schmalen Pässe waren nicht mehr da,
sie lagen hinter ihnen.
Der Himmel wurde klar.
Das Licht der Sonne
Kräftig und hell.
Vater und Mutter streckten die Hände
aus Dankbarkeit zum Himmel.
Plötzlich lachten die Kinder,
Das Gefühl des Glücks war zu sehen
 in den Gesichtern.
Die Eltern vergaßen ihre Sorgen.
Sie vergaßen ihre Wünsche.
Sie vergaßen oft sich selbst, um für ihre
Kinder
ganz da zu sein.

Ankunft in der Freiheit

Sie hatten Prinzipien,
die wir heute zu schätzen wissen.
Als Ziel setzten sie das Erwerben
von Wissen, „Ilm" und Bildung:
Bildung als Wegweiser,
als Investition in die Zukunft,
als Mittel zur Integration
in die Welt der Wissenschaft
Bildung wurde großgeschrieben.
Wir, die Kinder,
erfuhren Glück, wieder und wieder.
Getragen mit den Flügeln der Liebe
von Mutter und Vater.
Es hat sich gewandelt die Ungewissheit,
aus ihr wurde Gewissheit.
Danke Gott, dass du uns solche Eltern
schenktest!
Danke Schicksal, dass du es gut mit uns
meintest!
Danke Mutter-! Danke Vater!
Im Namen aller Geschwister.

Danke den Freunden,
durch die die Fremde
ein Stück Heimat wurde.

Sehnsucht

Wo ist Heimat?
Das bleibt eine offene Frage.
Was ist Heimat?
Das ist eine innere Klage.
Überall, wo man hinhört,
überall, wo man hinsieht,
in jeder Zeit,
in jeder Geselligkeit,
ist die Rede von Heimat.
Sie ist oft das Ideal.
Sie ist immer der Traum.
Auch in den Gesichtern festgeschrieben,
die Sehnsucht und die Suche nach der
Heimat.
Meine Heimat trage ich in mir.
Sie ist in meinem Herzen.
Wo ich gerade lebe, verstanden werde
mich entfalte,
und auch verwirklichen kann.

Heimat

Meine Heimat trage ich in mir
in meinem Herzen.
Meine Heimat ist:
Wo ich gerade lebe,
verstanden werde,
wo ich mich entfalten und verwirklichen
kann.
Meine Heimat ist im Hier und Jetzt.
Sie bewohnt mein Herz.
Sie ist nicht Utopie.
Ich pflanze einen Baum.
Eine Welt, eine Erde, gleiche Luft.
Die Vielfalt in Harmonie.
Meine Heimat trage ich in mir,
ich lebe im Hier.

Der Wind

Weht ein frischer Wind.
Erwacht die Natur.
Eine Botschaft für uns,
Phantasie und Kraft.
Am blauen Himmel tanzen die Sterne.
Am Ufer des Flusses
sitzen wir.
Die Sonne erwärmt Körper und Seele.
Der Mond verzaubert, erhellt.

Lächeln

Fröhliche Kinder spielen Verstecken.
Im Picknickkorb der Mütter-
sind Teller, Becher und auch Besteck.
Die Sonne spendet Licht.
Die Menschen sitzen beieinander.
Sie schätzen die Nähe.
Die Herzen sind voller Freude und Lust.
Die Gesichter strahlen,
wie der Mond in klarer Nacht.
Da ist ein Lächeln,
es verkündet Liebe.

Der Märchenerzähler

Der Winter war angebrochen,
Märchenabende uns fest versprochen.
Unsere Herzen pochten schnell,
Draußen war es dunkel und still,
 alles mit Schnee bedeckt.
Dem Märchenerzähler hat das Essen
geschmeckt.
Nach einem Jahr ist es endlich wieder so
weit,
Ahmad, der Märchenerzähler ist bereit.
Neue schöne Geschichten hat er im Gepäck.
Zuerst möchte er Tee und Gebäck,
Oma, Opa, Mütter, Väter und die Kinder
Versammeln sich wieder im „Tabakhana",
alle setzen sich auf den Boden nieder.
 Die Kleinsten mit großen Augen,
 möchten das Erzählte aufsaugen.
Sie sind aufgeregt und gespannt.
Ich habe meinen Kopf auf Mutters Schoß
gelegt.
Ahmad, der Märchenerzähler,

war ein wunderbarer Sprecher,
akzentuiert, mit Betonung und
Abwechslung in der Stimme,
führte er alle in die Welt der Phantasie.
Er half uns mehr zu träumen.
Er war für uns Kinder ein besonderer
Mensch,
die uns schöne Abende,
mit Geschichten und Weisheiten bescherte.

Zivilcourage

Jahre ist es her,
da versetzte eine kleine Gruppe
Deutschland aus Intoleranz
in Angst und Schrecken.
Häuser brannten.
Kinder, Mütter, Großmütter, Väter,
mitten in der Nacht,
aus dem Schlaf gerissen.
Fremdenhass, dieses Virus,
bahnte sich einen Weg.
Gewalt, Brandstiftung, Telefonterror
waren seine Mittel.
Hirschhorn, die Perle des Neckartals,
blieb auch nicht davon verschont.
Mutige, engagierte Frauen in ihrer Vielfalt,
wurden aktiv und zeigten Zivil-Courage.
Eine Idee wurde geboren.
Eine neue Bewegung begann.
Sie beruhigte die Stadt.
Sie besteht bis zum heutigen Tag.
Es gab großen Erfolg.

Der Telefonterror wurde gestoppt.
Der Fremdenhass wurde gezähmt.
Da wurde durch Zivil-Courage
ein Zeichen gesetzt,
Angst durch Hoffnung ersetzt.

Frieden

Komm, komm!

Lass uns die Hand geben!

Krieg bedeutet Trauer.

Lass uns Frieden säen!

Zerstörung, Unruhe, Panik,

Missverständnisse bahnen sich an.

 Komm! Lass uns Brücken bauen!

Das Leben ist kurz.

Nichts bleibt ewig.

Zeige Mut,

versuch nicht wegzuschauen,

bewahre die Welt als Lebensraum.

Pflanze einen Baum.

Nutze sie nicht als Schauplatz für Macht und

Habgier,

für Barbarei, Egoismus und Ungerechtigkeit,

nutze deinen Verstand!

Sei Mensch, beweise Menschlichkeit.

Alle sind Glieder,

verbunden in einer Wurzel.

Mit einem Körper.

Bringe dich ein.
Komm, komm! Lass uns die Hand geben!
Frieden säen, Frieden säen!

Kabuls Töchter

Ach das ist ein Jammer!
Das dritte Jahrtausend,
bringt Kabuls Töchtern NUR Trauer.
Sie sitzen im Dunkeln
In Räumen ohne Fenster
Die Luft ist stickig.
Ihr Wort hat kein Gewicht.
Die Zukunft ist ungewiss.
Geraubt wurde Ihnen
die Freiheit zu atmen,
zu reden, zu lachen,
zu weinen, zu gehen.
Gefangene sind sie in den eigenen vier
Wänden.
 Ihres Geschlechtes wegen
können sie sich an gar niemanden wenden.
Verhüllt, bedeckt, vermummt,
unkenntlich gemacht,
als Person, als Individuum.
Verbannt in Ungewissheit,
vertraut mit unwürdigem Leben,

unter tausend Schleiern.

Das Dorf

Ein Paradies, ruhig,
war das Dorf im Winter.
Mit einem weiß-silbernen Umhang aus
Schnee
Sein Name war „große Erde", "Khatakhak".
Die Menschen lebten in Harmonie,
sie feierten großartige Feste:
Poesie und Lesung gehörten immer dazu.
Hoffnungsvoll standen sie jeden Morgen auf,
großzügig im Geben,
warmherzig im Umgang miteinander.
Ihr Alltag war ohne große Sorgen.
Der Schnee glänzte auf den Dächern in
diesem Dorf,
im Sonnenschein.
Die Luft war klar,
 die Berge ragten hoch empor.
Am Himmel schien die Sonne den ganzen
Tag,
mit goldenem Licht.
Die Sterne leuchteten in der Nacht

so wunderbar.

Die Mauer

Schon über Jahrzehnte
leben Frauen mit Schmerz und Trauer.
Über Jahrzehnte beweinen Frauen
Väter, Brüder,
Söhne und Ehemänner
verloren im Krieg.
Und sie verbringen das Leben hinter Mauern.

Frühling

Oh Frühling der gefühlvollen Herzen!
Weißt du etwas
von meiner Heimat im Morgenland?
Ob die Gärten voller Blumen,
ob die Bäume voller Blüten sind?
Verzaubern sie mit ihrem Duft?
Sind sie Asche geworden?
Weißt du,
ob die hohen Berge,
ob die unerschütterlichen Felsen
liebäugeln mit dem Himmel,
sind sie dem Boden gleich geworden?
Weißt du,
ob die fröhlichen Feste,
ob das Lachen der Kinder
noch den Raum erfüllen?
Sind sie stumm geworden?
Weißt du,
ob die Schätze der Kultur,
in gedruckten und anderen Formen,
noch an ihrem Platz stehen?

Sind sie vernichtet worden?

Sonnenaufgang

Alles, was sie je hatten,
wurde ihnen weggenommen
Alles, was sie je taten,
wurde falsch wahrgenommen.
Das Lachen, das Freuen,
das Sprechen, das Schreien,
den Mut zu fliehen.
Verlernt, vergessen, aufgegeben.
Die Frauen in Afghanistan -
sie schauen zum Himmel.
Hilflos, zitternd heben sie die Hände.
Der Glaube an das Gute,
an die Menschen um sie herum,
nur Utopie, Illusion?
Ein schöner Traum?
Oder doch Realität?

Kindheit

Tanzende Sterne im Fluss,
 rote Rosen,
der Duft der Wiesen in der Luft,
das Rauschen des Wassers,
die Karawanen am Fuße der Berge,
der Gesang der Nachtigall,
der Klang der Rohrflöte,
Worte von Rumi,
Rabi´a Balkhi und Nasser-e Khosrau,
Sa´adi, Hafez, Ferdausi, Rodaki, Djami-
waren Feuerwerke, die den Raum erhellten.
Spielende, lachende Kinder
im leisen Wind
am Ufer des Flusses.
Im Garten
fröhliche Mädchen
sitzend im Kreis.
Die Quelle meiner Kraft liegt in diesen
Bildern.

Friedenstaube

Welche Ketten halten dich fest?
Befreie dich,
brich ab,
beeile dich,
flieg hoch!
Über die Sicht der Ignoranten hinaus
schaff dir einen Weg,
durch die grauen Wolken,
durch den Rauch der verbrannten Häuser.
Das Volk ist ausgeblutet,
meine Wiege ist zerstört.
Friedenstaube,
du hast genug geruht.
Fliege hoch!
Lass deine silberweißen Federn
schimmern im Morgenlicht!
Fliege über die Wälder und Täler!
Mach dann Rast,
auf dem Dach der Welt.
Ich flehe dich an!
Bau dir dort rasch ein Nest!

Die Zeit

Nun sind wir woanders
aber nicht aus Gier
Nun verbringen wir das Leben nicht dort,
sondern hier.
Es ist an der Zeit,
sich zu öffnen,
heimisch zu fühlen,
Verantwortung zu tragen,
Freude zu erfahren,
mitzugestalten.

Flucht

Wenn dein Haus nicht mehr dir gehört,
wenn Blumengärten zerstört sind,
wenn die Luft zum Atmen fehlt,
wenn Fremde im Land herrschen,
trennst du dich von Allem,
was dir lieb und teuer ist.
Du begibst dich auf eine Reise ohne Ziel,
ohne Rückfahrt.
Dann bist du auf der Flucht.
Denn es geht ums nackte Überleben.

Eine Brise

Das Beste und das Wertvollste im Leben
ist die Freiheit.
Freiheit zu leben, zu atmen,
zu reden und zu schreiben,
zu bleiben oder zu gehen,
die Sonne auf dem Gesicht zu spüren,
eine frische Brise zu fühlen,
das Rauschen des Wassers und,
die Vögel singen zu hören,
die Blumen wachsen zu sehen.
Sich nach dem eigenen Geschmack zu
kleiden,
Reis mit Safran zu genießen,
 Tee mit Kardamom zu trinken,
den Duft von Jasmin und Lavendel zu
riechen.
mitgestalten,
und nach dem eigenen Glauben zu leben,
sich zu verwirklichen,
das ist Freiheit!

Spaziergang

Der Großvater stand um vier auf,
sanft und behutsam weckte er die
Großmutter.
Die beiden legten viel Wert darauf,
die Tradition fortzuführen,
die Gunst der Morgenstunde - zu zweit zu
genießen-
 die Einheit von Tag und Nacht zu erleben,
sich ihrer inneren Stimme zu widmen,
leise auszusprechen,
der Familie ein schönes Leben zu wünschen,
dafür nahmen sie sich jeden Morgen Zeit.
Wir Kinder waren aufgeregt,
den Tag, die ersten Sonnenstrahlen,
auf glattem Schnee zu begrüßen.
Erst dann war Frühstück angesagt.
Das frischgebackene Brot duftete so herrlich,
die Milch, die frisch gemolken war,
die Butter, die frisch gewonnen war,
sie standen auf dem „Sufra",
Der Großvater trank noch einen Tee.

Sie verließen die Burg.

Weit und breit gab es nur die Stille.

Der Großvater und die Kinder sprachen ein Gebet.

Über einen Meter fester Schnee.

Der Großvater und die Kinder liefen los.

Die Sonne ging langsam auf,

ihre goldenen Strahlen kündigten den Tag an.

Der Großvater und die Kinder sangen ein Lied eine „Qassida",

Alle sangen im Chor,

laut, fröhlich und besinnlich.

Jeden Morgen um vier Uhr

die Großmutter und der Großvater standen auf,

beteten im Gebetsraum,

eine Stunde im Stillen,

ab sieben Uhr widmete der Großeltern sich nur um uns Enkelkinder.

Die Perle

Liebe Schwester aus dem fernen Osten,
Du bist eine Brücke zum Okzident.
Das verbindet uns zutiefst,
denn ich bin aus dem Orient.
Heute schwebt die Verbundenheit so
wundervoll,
Freude, Wärme herrscht im Kreis.
Poetische Perlen schimmern da,
harte Herzen werden weich.
Unsere Begegnung war ein Zufall,
die Vertiefung ganz bewusst.
Der Grund ist unser Geist,
auf den Austausch haben wir Lust.

Umarmung

Ich frage mich oft,
was könnte ich besser machen?
Ich frage mich oft,
wie könnte ich mit euch fröhlich sein?
Ich habe versucht
jeden Wunsch von euren Augen abzulesen,
war doch für euch immer da.
Mit einem Lächeln,
mit einer Umarmung,
haben wir
das Schlechte im Leben vergessen.

Das Universum

Ein Ort zum Leben,
ein Raum zum Lieben
und folglich geliebt zu werden.
Hier soll die Natur,
als Pracht der Schöpfung,
geachtet, geehrt und bewundert sein.
Die Sonne, die Quelle des Lichts,
der Mond, die Quelle der Kraft,
die Berge, die Quelle der Stille,
die Wälder, die Quelle der Vielfalt,
die Wiesen, die Quelle der Harmonie,
die Blumen, die Quelle der Schönheit,
die Meere, die Quelle des Lebens,
der Frühling, die Quelle des Neubeginns.
Dies und viel mehr
sind kostbare Schätze.
Das ist eine Welt für alle.
Sind wir achtsam genug,
sie zu bewahren?

Lob

Dein offenes Haus,
damals wie heute,
heißt mich willkommen.
Dein großes Herz,
dein Lächeln im Gesicht,
deine schönen Worte,
haben mein Herz erfrischt.
Nur das zählt,
nur das hat Gewicht.

Philosophenweg

Sonntagmorgen, wie so oft,
laufe ich den Philosophenweg hochhinauf.
Ich verlasse die Stadt -
halb träumend noch.
Wie immer mache ich Rast
an einem Platz voller Blumen.
Dort stehen auf einer Tafel
ein paar Verse von „Eichendorff",
die mich immer wieder faszinieren,
inspirieren
und zum Nachdenken bringen.
Seit Jahren immer aufs Neue,
bin ich auf der Suche nach dem
„Zauberwort".
Nach der Begegnung mit „Rumi",
heißt das Zauberwort für mich
„Liebe".

Frieden säen

Lasst uns die Hand geben!
Frieden säen, Frieden säen!
Diese Erde ist ein Haus,
ein schönes Haus,
für dich, für mich, für uns alle.
Lasst uns Brücken bauen
zwischen Kulturen in Vielfalt.
Schauen wir nach vorne, machen wir keinen
Halt.
Völker sind bunte Blumen,
 im Gewand der Kulturen.
Lasst uns die Hand geben!
Lasst uns Brücken bauen!

Frauen

Frauen sind edle Geschöpfe,
die mit einer Hand die Wiege,
und mit der anderen die Welt bewegen.
Zuversicht und eine bessere Sichtweise,
Hoffnung geben sie der Welt.
Sie hören nie auf, zu träumen
von einem friedvollen Morgen.
Im Hier und Jetzt leben sie stets.
Liebe zu schenken,
ist ihre Gabe.

Das Ufer

Das Haus, das am Rande der Ozeane liegt,
soll für alle offen sein!
Das zählt.
Dass es gelingt, ist das Ziel.
Ich laufe am Iqbal-Ufer entlang,
frage mich,
wie würde die Welt
 aussehen,
wenn Dichter und Denker
 am Werk wären?

Seelenverwandt

Oh, meine erhabene Liebe,
nur du kannst
mein Herz bewohnen.
Du erhellst es durch die Flammen.
Manches Mal verzauberst du mich
in höchstem Maß.
Du bist das Licht
auf dem holperigen Weg meiner Reise.
Die Sonne kann es bezeugen.
Ehrliche Absicht
sind mein Vorhaben, meine Gedanken.
Wir sind alle eines Ursprungs.
Seelenverwandt.
Ich suche die Spur,
das Zeichen
verberge sie mir nicht.
Lass die Liebe in meinem Herzen walten,
sie ist das Fundament des Daseins,
sie ist der Sinn des Lebens.

Die Oberhand

Friede, Toleranz,
Harmonie und Akzeptanz
auf der Welt.
Ein Traum, Utopie?
Eine ewige Sehnsucht?
Oder doch erlebbar?
Wenn Ignoranz verschwindet,
wenn Vielfalt als Reichtum verstanden wird,
wenn Diversität als normal gesehen wird,
wenn Seelenverwandtschaft ernst genommen
wird,
dann verschwindet Ignoranz,
dann entsteht Frieden.
Liebe gewinnt die Oberhand.
Harmonie wird zur Universalkultur.

Der Baum

Sei wie ein Baum,
schlage Wurzeln,
spende Schatten und Frische,
tanze mit dem Wind,
singe im Frühling ein Lied,
trage Früchte,
hab Mut,
wachse!
Ohne Hast.

Menschlichkeit

Die Gesichter der Menschen
sind Spiegel des Inneren,
das tief verborgen
im Zentrum des Körpers ruht.
Das Medium sind die Augen,
sie sprechen ohne Worte,
sie senden Zeichen.
Es braucht Kenneraugen,
den Kern zu ergründen,
das Eigene in anderen zu finden,
diese leisen Worte liebevoll
über die Lippen zu bringen.
Du bist ich und ich bin Du!

Der Mond

Du bist mein Ziel - so lange ich lebe.
Im Reich meines Herzens -
 bist du der helle Mond.
Wenn ich dichte unter den Bäumen,
ob ich wach bin oder träume,
in allen Räumen:
Du bist der helle Mond.
Das Rauschen des Wassers in Kabuls Fluss,
das langsame Fließen im Neckar,
das Laute und das Leise,
Symbole und Bilder,
sie fließen zum Ursprung in den tiefen Ozean
im Kreis des Lebens
am Himmel meiner Phantasie.
Du bist der helle Mond.
Vor den Irrwegen habe ich keine Angst,
denn du bist der Grund, der Weg, das Ziel,
und immer bei mir.
Du bist der Schöpfer von allem und dem
Nichts.

Mit ausgewählten Worten, den Perlen der
Sprache,
beschreibe ich dich.
Was tue ich?
Du selbst bist doch mein Gedanke,
meine Worte und
du bist der helle Mond.

Zeugen

Der Mond,
auch die Sterne,
sind in dieser Nacht,
meine Zeugen,
dass ich wach geblieben bin,
dass ich zutiefst ergriffen war.
Am Himmel meines Geburtsortes,
leuchten die Sterne nicht mehr.
Staub und Dunkelheit
gewannen die Oberhand.
Ich blicke in mein Herz,
 spüre Zuversicht,
Ruhe kehrt zurück.

Der Garten

Die Welt ist ein großer Garten,
ein Garten voll bunter Blumen,
 ohne Zaun,
ein Wunder der Schöpfung.
Nur für kurze Zeit gehört er uns.
Wir gehen und er bleibt.
Er wurde uns anvertraut,
ihn zu schonen und zu pflegen.

Goldenes Jubiläum

„Jashn-e Zarin em Roz mubarak"

„Jashn" ist das Fest.

„Zarin" heißt golden.

„em Roz" bedeutet Heute.

„Mubarak" kündet Glückwünsche.

Alles Alte nimmt Abschied,

Weil das Neue nach vorne drängt.

„Jashne Zarin har Roz Mubarak"

Die Sterne leuchten heller,

der Mond lacht in der Nacht.

Die Sonne schenkt das Licht, „Noor", der
Welt.

Hoffnung und Zuversicht herrschen wieder.

„Jashn" Mubarak!

Flöte

Ich höre von weitem die Flöte.
Ich mag die Melodie.
Sie bringt mich in die Ferne, nach Kabul,
die Stadt meiner Kindheit,
mit vielen Rosen.
Damals spielten viele Leute Flöte,
auf den Feldern, unter den Bäumen,
am Bach, am Fluss und
neben den Wasserquellen.
Flöten begleiteten den Tanz des Wassers.

Die Erde

Oh du wunderbare Erde!
Ein Leben dich zu erkunden,
zu erleben, zu schätzen,
ist sehr kurz.
Die Sehnsucht dich zu kennen,
dich zu wahren in deiner Reinheit,
dich zu belassen in deiner Ursprünglichkeit,
dich zu genießen und
dankbar zu sein, was du uns alles hergibst,
dich zu spüren mit nackten Füssen.
Oft vergessen.
 Im Fokus bleibt Oberflächlichkeit
aus Gier.

Rote Rose

Ich bin eine Rose,
eine rote Rose,
ich strahle Liebe aus.
Ich lebe in dieser Welt,
der Wind streichelt mich,
behutsam nimmt er mich mit,
auf eine heilende Reise.
Meine Kraft schöpfe ich
aus den Urelementen.
Meine Freiheit habe ich.
Dankbarkeit erfüllt mich.
Möge es immer so sein.

Ein Lied

Meine Energie fließt frei.
Meine Umgebung ist hell.
Geschützt, geborgen fühle ich mich.
Aus Liebe singe ich ein Lied.
Der Ort ist mir vertraut.
Die Sonne scheint,
die Erde duftet so süß nach dem Regen.
Sehnsucht bringt mich fort.
Das Haus am Fuße des Hügels,
zwischen den hohen Bergen.
Es fließen drei Flüsse,
sie bilden eine Insel,
auf ihr war ein Lichtergarten.
Dort trafen sich die Poeten,
dort tauschten sie schöne Worte.
Wasserquellen mit silbernem Wasser,
erfrischten die trockenen Kehlen.
Lesungen dieser Art,
fanden von Juli bis September statt.
Damals waren Natur und Menschen
in Harmonie.

Im Café

Zwei gute Seelen,
zwei Schwestern in Zermatt
sitzen vertraut,
auf der Couch.
Sie lauschen der Musik.
Das Klavier steht mitten im Raum.
Der Tee duftet nach Jasmin.
Die Sonne ruht hinter den Bergen.
Die Sterne kommen zum Vorschein,
dafür bin ich nach Zermatt gereist.
Mit Blick auf das Matterhorn,
das Gletscherwasser ist ganz rein,
erfrischt das Gesicht,
fröhlich lachen die Schwestern,
Alles ist schlicht, vertraut
 und wunderbar.

Licht

Ich sehe Licht am Himmel meiner Träume,
 es leuchten Sterne heller als je zuvor,
 mit besonderem Glanz.
Anmutig, würdevoll und hell.
Das Licht, das dort brennt,
zeigt den Weg.

Die Welt

Der bunte Garten der Schöpfung
mit hohen Bergen,
mit langen Flüssen,
mit türkisblauen Ozeanen,
mit weiten Wüsten,
mit tiefen Wäldern.
Die Vielfalt in der Natur,
mit allen Kreaturen,
ist die Welt voll Hoffnung,
ist ein schönes Haus für alle.
Viele Völker mit ihren Kulturen
schmücken es mit Hingabe und Würde,
ohne Angst und Verzweiflung.

Sonne

Lass die Sonne der Liebe
in deinem Herzen scheinen.
Fühle Geborgenheit,
hab Vertrauen, Mut,
strahle Zuversicht aus,
spende Freude.
Die Sonne lässt Liebe blühen.
Die Blumen der Hoffnung
lassen die Bäume wachsen.
Das Licht, „Noor", hat die Kraft,
Mensch und Natur zu vereinen.

Der Ozean

Am Himmel der Liebenden
ist die Liebe der Regenbogen am Horizont.
Sie ist die Sonne, der Mond, die Sterne
 der Rubin, der Smaragd, der Diamant.
 Ein Lächeln, herzliches Lachen, schöne
Worte
Liebe lebt in uns allen.
 Suchende finden sie im Ozean des Herzens.
Liebe ist Kraft, schenkt schöpferische Gabe,
Liebe ist die Farbe,
Liebe ist bunt.
Sie bringt die Augen zum Leuchten,
das Gesicht zum Strahlen.
Liebe ist der Klang der Musik,
 streichelt sanft durch die Essenz der Seelen.
Liebe ist die Quelle der Verständigung,
der Duft der Rosen,
der Wiesen und des Jasmins im Frühling.
Liebe ist das Geschenk Gottes,
Liebe ist Geben,
 ist der Sinn des Daseins.

Ewigkeit

Die frische Brise auf der Wiese,
der Duft der Blumen im Raum,
das Rauschen des Wassers im Bach,
die singende Nachtigall im Garten,
der Regenbogen am Horizont,
die Strahlen der Sonne überall.
„Hier ist Licht über Licht".
Die leuchtenden Sterne im Meer des
Himmels,
der silberne Mond in aller Pracht,
die Vielfalt der Natur,
die hohen Berge im „Sukun" mit Stolz,
die Liebe im Herzen der Menschen,
sie verzaubern, inspirieren,
zeigen die Verbundenheit
im Einklang mit der
Ewigkeit.

Menschen

Im Garten der Schöpfung
sind alle Menschen Gärtner.
Sie behüten, bewässern und pflegen,
das, was ihnen anvertraut wurde,
mit Liebe, Hingabe und Achtung.
Wir sind Blüten der Bäume im Frühling.
Unsere Zeit ist begrenzt.
Ein kurzer Teil der Ewigkeit.
Wie schon „Sa'adi" bemerkte.
Alle Menschen sind Glieder,
die Glieder eines Körpers,
sie stammen von einer Quelle,
sie haben die gleiche Substanz.

Reflektion

Ruhige Momente sind rar.

Nun ist Gelegenheit.

Denke nach,

was gestern war,

lass es ruhen.

Was das Morgen bringt, weißt du nicht.

Kümmere dich um das „Jetzt".

Öffne deine inneren Augen,

sieh die Zeichen,

erkenne deine Grenzen.

Lass den Fluss des Lebens fließen,

öffne die Fenster in deinem Haus.

Lass die frische Brise hinein.

Entdecke die schöpferische Kraft in dir,

lebe im „Hier und Jetzt".

Die Liebe

Liebe kann Brücken bauen.
Liebe kann ewig dauern.
Liebe kann die Unterschiede in
Vielfalt und Reichtum verwandeln.
Liebe kann die Herzen erwärmen,
 das Eis brechen,
Harmonie herbeizaubern.
Liebe kennt kein Bedauern.
Sie öffnet den Horizont
und schafft Vertrauen.

Das Neue

das Fest des Frühlingsanfangs heißt
„Nauroz"
Es ist das Fest des Neujahres,
in vielen Ländern, im Orient.
 Es ist das Fest der Freude,
und auch des Glücklichseins.
Es ist das Fest der Liebe.
Heute ist Lachen das Motto.
Das Neue kommt,
das Alte flieht.
die Zeit vergeht,
schnell und unaufhaltsam.
Nauroz ist Zeit und Raum für Erneuerung.
Alles bekommt neuen Glanz.
Eine schöpferische Kraft ist im Gange,
In den Herzen waltet der Mut.
Nauroz ist ein neuer Beginn.
Besinnlich soll man sein.
Nauroz ist das Fest des Lebens.
Es ist das Fest des Vergebens und
der Danksagung.

Die Luft

Die Sonne strahlt durch die Bäume,
der Wind streichelt die Natur.
Er bringt neue Kraft.
Die Luft duftet süß.
Am Horizont sehe ich einen Regenbogen.
Die trockne Erde ist durstig.
Der Himmel ändert sich.
Es regnet.
Die Luft wird frisch.
Die Erde ist nicht mehr trocken.
Die Äste werden nicht gebrochen.
Die Luft duftet süß.
Die gleiche Luft ist für alle da.

Erneuerung

Der Morgenwind im Frühling
stolz auf seine Kraft,
erzählt von seinem Sieg -
von dem Sieg über die Kälte.
Aus dem Winterschlaf erwachen die
Menschen.
Sie spüren den Drang zur inneren
Erneuerung.
Die Sonne strahlt sanft und bringt Wärme.

Verwandtschaft

Oft habe ich das Gefühl
alles dreht sich um sich selbst.
Mich erstaunt immer aufs Neue
wie ähnlich doch die Menschen sind.
Nur die äußere Erscheinung,
die Sprache, das Mittel der Kommunikation,
die Werte und die Normen
erscheinen in Vielfalt.
Wie ähnlich doch die Menschen sind.

Meine Gebete

Warum fühlen sich manche fremd
im eigenen Haus?
Es ist das Haus der Welt!
So schön, so bunt, so gezähmt!
 Eins war der Ursprung.
Sich fremd werden- ist das Selbstgemachte.
 Sich und alle zu verlieren,
sich wieder zu finden ist das Gebot
Sich jetzt zu bemühen,
ist die Prüfung.
Ich horche genau in der Früh.
Die leise Luft kommt im Nu.
Das Universum hört jetzt zu.
 Gehör finden meine Gebete.

Natur

Sich zu erneuern ist eine Gabe,
ein Privileg der Natur.
Ein Balanceakt der Schöpfung.
Alles kehrt zu seinem Ursprung zurück,
verhindere nicht diesen Prozess.
Nicht aus Profit oder Gier.

Landschaft

Sei beständig,
verliere nicht den Weg!
Bewege dich geschwind,
mit diesem Wind,
der kräftig weht.
Dir begegnet viel Neues
auf dem Weg.
Versuch zu verstehen,
den Zweck und den Sinn.
Alles ist still.
Nichts bewegt sich wie immer.
Alles war zu viel für die Welt.
Die Natur hat nun das Sagen.
Menschen geben nicht leicht-
dies alles aus der Hand.
Die Landschaft ruht friedlich.
Die Natur will sich erholen.
Ob die Menschen es auch tun?

Poesie

In der Luft schwebt Poesie.
Eine Sprache mit Farbe.
Sie erhellt die Gemüter.
Sie regt an,
inspiriert.
Worte, schöne Worte klingen.
Das Licht und die Liebe
tanzen im Zentrum.

Die Nachtigall

Ich höre ein Lied,
ein Lied der Freude,
aus dem Wipfel eines Baumes
im Morgengrauen.
Als die ersten Sonnenstrahlen
den Tagesanbruch verkünden,
da singt eine Nachtigall
jetzt und heute.
Der Klang ist sanft,
er bringt Harmonie.

Freude

Von ganzem Herzen wünsche ich euch
Freude im Leben,
ein Lächeln auf den Lippen,
Hoffnung in den Augen,
Wärme in euren Heimen,
genug Zeit zum Entspannen,
zu genießen und beisammen zu sein.

Nauroz

„Nau" ist das Neue,
„Roz" ist der Tag.
Sehnsucht, nicht Reue,
Hoffnung sein mag.
Das Jahr beginnt,
die Natur erwacht,
der Wind weht lind,
der Frühling kündet Macht.
Das Gefühl der Sehnsucht
zieht mich in die Ferne.
Ich rieche Kabuls Luft,
blicke in die Sterne.

Ferne

Mich packt das Gefühl,
bringt mich in die Ferne,
Ich rieche die Luft Kabuls,
blicke in die Sterne.
Ich frage die Nachtigall,
ob sie dort war.
Begreife geschwind,
ein Traum,
nicht wahr.

Was zählt

Wessen Kind du bist,
welche Abstammung du hast,
wohin deine Wurzeln führen,
welche Hautfarbe du hast,
welche Sprache du sprichst,
welche Kleidung du trägst,
das ist die Schale.
Der Kern ruht in dir, in deinem Herzen,
ganz tief.
Wo nur Liebe und Zuversicht wohnen.
Entdecke diese Wahrheiten,
ignoriere sie nicht.
Es zählen nur deine Taten,
was du machst,
wie du die Welt um dich und
 die ganze Welt behandelst.
Bist du jetzt ein Vorbild?
Als Weltbürger oder als Einsiedler?
Es gibt genug Raum für alle.
Beweg dich auf dem Weg der Empathie.

Das Gewissen

Auf Kosten der Ahnungslosen,
aus Profitgier und
Lust nach Macht,
vergisst du deine Verbundenheit?
Wo bleibt das Gewissen?
 In deinem inneren Raum,
in Dir drin.
Such nach Gemeinsamkeiten,
nutze die Chance und Möglichkeiten,
dich zu entfalten,
zu wachsen und zu werden.
Denn das Leben ist nach dem großen Goethe
ein Prozess, „Stirb und Werde".

Kraft

Deine Worte sind wie ein Lied
mit Klang und Melodie,
mit einer Botschaft aus der Ewigkeit.
Sie klingen in meinen Ohren,
als seien sie gestern gewesen.
Sie geben mir Kraft.
Sie besiegen das Gefühl der Ohnmacht.
Hoffnung strömt aus ihnen.
Zuversicht kehrt ein.

Berge

Am grünen Hügel sitze ich,
schicke meine Blicke in die Ferne.
Dieses Gefühl, diesen Anblick
erlebe ich immer wieder.
Weit weg in meiner Vision,
in meinen Tagträumen
sehe ich die hohen Berge
mit schroffen Felsen.
Im Orient,
wo die „Sonne aufgeht",
 genannt „Khorassan".

Demut

Geborgenheit, Zuversicht,
und Vertrauen,
suchen wir stets im Laufe des Lebens.
Wo gibt es diese Gaben?
Wo finde ich diese Quellen?
Der Schlüssel ist in uns.
Um ihn zu finden, brauchen wir
immer Demut.

Bewegung

Der Weg der Verständigung
braucht Mut.
Entschlossenheit ist der Anfang.
Das Ziel ist Zivilcourage.
Die Stimme zu erheben,
kritisch zu denken,
ist Bürgerpflicht.
Aber Fremdenhass ist krankhaft.
Hass gehört nicht zum Menschsein.
Zufällig sind wir geboren
irgendwo auf der Welt.
Es ist eine Welt!
Die Welt ist ein Gästehaus für uns alle.
Dieses Verständnis,
aus ursprünglicher Verbundenheit,
ist das Gebot der Stunde!

Zuversicht

Heute Morgen ganz früh,
als das Licht den Tag ankündigte,
als die Nacht sich verabschiedete,
da war Ruhe und Frieden.
Alles schlief tief und fest.
Nur die Amseln und Lerchen sangen ihr
Lied,
alle träumten von einem besseren Morgen.
Ein Lächeln begrüßte meine Lippen.
Ich fühlte Freude und Zuversicht.
Es ist wahrhaftig ein schöner Morgen!

Hoffnung

Schau mal zum Horizont!
Die Sonne verbindet sich mit dem Meer.
Sie ist golden,
türkisblau ist das Meer.
Keine Wolke ist am Himmel,
Freude und Frieden walten hier.
Der Himmel ist durch und durch blau
und setzt keine Grenze.
Tauben mit silbernen Federn
fliegen hoch.
Sie verbreiten Hoffnung.

Das Leben

Ein schmaler Weg ist das Leben.
An seinen Rändern kann es
Rosen oder Dornen geben.
Rosen siehst du, wenn du das Leben schätzt,
Dornen fühlst du, wenn du das Leben
 nicht mit Geduld versüßt.
 Das Leben zu leben heißt:
 Nicht die Hoffnung aufgeben,
es mit Liebe und Farbe genießen.
Liebe schenken
 und Blumen mit klarem Wasser gießen.
Dieser Weg wird ein Rosen-weg,
wenn du die Sonne in dich lässt.

Frömmigkeit

Was ist Frömmigkeit?
 Ist sie Charakter oder Regel?
Ist sie ein Instrument oder ein Mittel?
Was ich sagen kann:
Frömmigkeit ist der Wegweiser.
Sie ist der Wille zur Veränderung,
sie lenkt die Augen nach Innen.
Sie gibt Licht den inneren Weg zu finden.
Sie ist der Schirm gegen den Regen des
Zorns.
Sie ist da,
 das wahre Ich zu schützen.
Sie ist die Wärme im inneren Haus,
Zuneigung, Sehnsucht nach höherer Sphäre!
Der Schlüssel ist Frömmigkeit.

Komm mit

Sei sicher,
sei zuversichtlich!
Große Aufgaben in der Gesellschaft,
nur gemeinsam sind sie zu schaffen.
Für Dich, für mich und
für die anderen eine bessere Welt gestalten.
Der Austausch der Ideen
zeigt die Sichtweisen
führt zu Visionen.
So blüht die Vielfalt.
Pluralismus ist das Fundament, der Motor,
der
stärkt und die Gemeinschaft festigt.
 Komm mit!

Das Tor

Ich laufe zum Tor,
es öffnet sich weit.
Ich sehe das Licht.
Eine schöne gesellige Familie,
bildet einen Kreis.
Sie folgt der Tradition,
sich Gedichte aus Büchern vorzulesen,
Sie schließen das Tor am Freitag nie.
Ich habe kein Buch dabei,
dennoch bin ich willkommen.
Setze mich in den Kreis,
genieße wundervolle Wörter,
die aus tiefsten Herzen kommen,
die die Tür meines Herzens öffnen.

Lebensraum

Das Leben ist kurz,
nichts bleibt ewig.
Zeige Mut
nicht wegzuschauen.
Bewahre die Welt als Lebensraum.
Nutze sie nicht als Schauplatz
für Profitgier und Egoismus.
Hab Verstand!
Pflanze einen Baum!
Sei Mensch!
Wir alle sind Äste,
verbunden in tiefer Wurzel.
Bringe dich ein,
suche nach Möglichkeiten.

Geselligkeit

Der Kreis der Dichterinnen,
erzeugt Kraft und Fantasie.
Steigen wir alle hoch hinauf,
in die Welt der Träume.
Alle strahlen Liebe und Wärme aus,
im höchsten Maß,-
Die Speisen sind geschmackvoll.
Glücklich, ich bin im Kreis.
Herzliche Worte,
melodisch, erhaben,
streicheln Gehör und Gemüter.
Jedes Gedicht ist Balsam.
Einsam fühlt sich niemand.
Die Seelen wagen zu sprechen.
Die Herzen vergeben.
Die Geselligkeit steht
im Einklang mit der Ewigkeit.

Zeit

Vom Ganzen wünsche ich dir Zeit,
Zeit zum Sitzen in aller Ruhe,
endlich mal zu dir zu kommen,
nachzudenken,
die Welt und die Schnelllebigkeit,
vor der Türe stehen zu lassen.
Nicht nur Pflichten wahrzunehmen,
 sondern sich dir selbst zu widmen,
Träume zu träumen,
Wünsche in Worte zu fassen,
Gefühle zu äußern,
Dazu wünsche dir Zeit.

Glückwunsch

Du hast gewirkt.
Du hast gehandelt.
Du bist mündig.
Du bist die Quelle der Herzlichkeit.
Dein Geist lebt die Freiheit.
Ich wünsche Dir noch mehr Mut.
Du bist bedächtig und weise.
Ein langes und erfülltes Leben
ist mein Wunsch für Dich,
jetzt und in allen Zeiten.

Toleranz

Wie rasant die Zeit vergeht,
wie schnell sich die Erde dreht,
wie sich alles in Eile verändert,
wie schnell das Leben ein Ende nimmt.
Oft ist es zu spät.
Von Toleranz wird gesprochen,
aber die Vielfalt des Menschen nicht erkannt.
Akzeptanz wird gepriesen,
aber „Anders Sein" wird bedroht.

Empathie

Die Welt ist groß in allen Bereichen.
Die Luft ist vorhanden in allen Teilchen.
Wozu Gier und Habgier?
Die Natur in aller Pracht
gehört allen und nicht nur dir.
Öffne dich, schau hinaus
Du siehst nur die Vögel am Himmel,
nicht die Leere der Macht.
So ein Ozean der Nicht-Dinge ruht in allen
Menschen,
denn der Stamm ist gleich.
Gib acht!
Empfinde Empathie.
Wir sind Zweige des einen Baumes,
Bewohner des einen Raumes.
Wache auf!

Im Hier und Jetzt

Das Licht, das in mir brennt,
zeigt den Weg.
Ob man es so kennt?
Mein Herz ist hell,
es bringt mich ins Hier und Jetzt.
Mein Verstand ist klar.
Die Kerzen stehen im Garten,
Hoffnung kann sie anzünden.
Zuversicht kann sie verbinden.
Die Lichter sind vereint.
 Das Licht, das in mir brennt,
schenkt mir ein warmes Lächeln.

Besinnung

Der strotzt vor Macht,
wer nur an sich denkt,
ohne Rücksicht auf die Anderen
 läuft auf glattem Eis.
Wer Habgier und Neid in sich züchtet, der
pflegt Charakterzüge,
 die die Menschen vom Menschsein
entfernen.
Hingabe und Besinnung
verbinden und Würde erzeugen.
Der Mond kann bezeugen,
die Welt braucht Ruhe
Gib doch Acht!

Stillstand

Die Straßen sind leer,
in den Parks herrscht Ruhe.
Die Schulen sind geschlossen.
Die Menschen bewegen sich mit Vorsicht.
Ich laufe durch die stillen Gassen.
Fernster sind halb geöffnet.
Man hört Gespräche,
das Erzählen von Sorgen,
die Vasen stehen ohne Blumen.

Am Neckar

Alles ist zum Stillstand gekommen,
alles dreht sich um eins:
gesund zu bleiben.
Das Wasser im Neckar
fließt ruhig und geduldig.
Dem Ufer entlang
 fahren weder Autos, noch laufen Leute.
Noch ist Zeit -
Zeit zum Umdenken:
Profit nicht auf Kosten der Natur.
Ich sitze auf der Wiese,
Gesicht zum Neckar.
Der Anblick regt an,
Inspiriert zum Schreiben,
Worte, die aus dem tiefen Herzen kommen.

Die Altstadt

Es ist Frühling.
Alles grünt.
Die Natur entfaltet sich.
Die Luft ist mild.
Eine leise Brise weht.
Ich genieße den Blick
vom Philosophenweg.
Schön ist die Altstadt da unten,
Erzählt mir viele Geschichten.
Ich lese sie von den roten Dächern,
betrachte sie eine Weile mit Demut.

Poesie

Wer den Weg zu sich selbst wagt,
und klopft mit Hingabe an das Tor des
Herzens,
behutsam und leise,
sieht das innere Schloss in voller Pracht.
Da hört man nur Melodien
von Liebe und Freudegesang.
Wenn du davon ergriffen bist,
fließen reine Worte aus dir.
Das ist Poesie.

Dächer

Die roten Dächer in der Stadt,
sie sprühen Wärme und Energie.
Sie nehmen dankend Sonnenlicht auf,
sie regen die Fantasie an.
Der Blick vom Philosophenweg
zeigt Zusammenhalt und Beständigkeit.
Unter diesen Dächern,
haben viele Dichter und Denker gelebt.
Aus der Nähe und der Ferne,
Iqbal, der Dichter des Orients,
baute eine Brücke durch Poesie.
Wertschätzte Denker des Abendlands,
voller Respekt widmete er Goethe schöne
Worte,
unter einem Dach in Heidelberg
am Neckar.

Der Blick

Ich gehe den Philosophenweg hinauf,
mit jedem Schritt nähere ich mich der Natur.
Dort mache ich Rast,
lese Eichendorffs Verse.
Ich sitze lange und gehe nicht fort.
Der Neckar fließt langsam.
Aufmerksam macht er auf das Leben als
Reise.
Kann ich den heutigen Tag festhalten?
Was gestern war, kommt nicht zurück,
Was das Morgen bringt, ist ungewiss,
Was jetzt ist,
was jetzt passiert, hat Wert.
Es geschieht im Einklang mit der Natur.

Blüten

Im Garten steht ein Kirschbaum,
stolz aber biegsam.
Die Äste tragen weiße Blüten,
rein, mit Tau gewaschen.
Der Anblick schenkt Freude.
Der Duft von Blumen füllt den Raum.
Amseln singen Lieder,
sie sitzen hoch auf dem Ast,
Ihr Gesang vermindert unsere Sorgen.

Ein Traum

Alles vergeht wie ein Traum
Alles verändert sich,
 man merkt es nicht,
oft hastig ohne Sinn.
Ist nur Profit in den Köpfen?
Die Klugen machen einen Halt,
spüren den leisen Wind,
der dem Leben einen Hauch
 der Ewigkeit verleiht.
Was zählt, ist das Leben zu leben.
Was kostbar ist, ist Andere zu schätzen.
Die Kunst ist nicht nur Nehmen,
Mensch sein ist auch Geben.
Wie lautet so schön der Spruch:
Nehmen füllt die Hand
und das Herz eben das Geben.

Die Quelle

Allein das zählt:
Die Welt ist groß,
Platz ist für alle,
und das ist gut.
Hochgeschätzt ist Menschlichkeit.
Unser Stammbaum ist gleich,
die Wurzeln sind kräftig,
der Ursprung ist eins.
Menschsein hat eine Quelle,
wir sind alle seelenverwandt.

Weltbürger

Vielfalt als Reichtum ist sichtbar.

Viele Menschen nehmen es wahr.

Wir sind Botschafterinnen aller Kulturen.

Unsere Karawanen machen nun hier eine
Rast.

Aus einer Bewegung entstanden neue
wegweisende Strukturen.

Die Vielfalt wird als Wert verstanden.

Der Weg der Verständigung ist geebnet.

„Weltbürger" zu sein,

ist unser Ziel.

Das Tal

Auf der Weide sehe ich ein Pferd,
streichele es sehr zart.
Schaue liebevoll zu ihm.
Der Anblick ist mir vertraut
aus meiner Kindheit.
Vater ritt jeden Morgen.
Auf seinem weißen Pferd fühlte er sich
glücklich.
Ich ritt auch, füllte mich geborgen.
Aus meiner Kindheit schöpfe ich Kraft.
Oft führen meine Tagträume,
die Feder in meiner Hand.

Strand

Das Ziel ist das Meer.
Der Weg führt dorthin.
Die Blumen am Rande des Weges,
weisen darauf hin.
Ich sehe das Meer,
es ist nicht weit.
 Blau ist die Farbe dieser Stunde,
Blau ist die Farbe der Ferne.
Es zu erreichen bin ich bereit.
Ich laufe am Strand entlang.
und rieche das Meer.

Das Zeichen

Als Weltbürger durchquere ich
Berge, Wüsten und gehe die Küsten entlang.
Ich fühle mich
erfrischt und blicke zum Horizont.
Stets in Bewegung im Angesicht der Ozeane,
singe ich Liebeslieder im Rhythmus der
Wellen.
Sonne und Mond erhellen alles.
Ich suche das Ziel in der Ferne.
Rastlos!
Der Morgenstern zeigt mir den Weg.
Der Morgenwind bewegt alles.
Ich folge dem Zeichen, folge dem Herzen.
Ich fühle Freude.

Die Reisende

Im Raum stand Saadis Weisheit:
„Die Menschen sind die Glieder eines
Körpers".
Universal zu denken, zu handeln
bedeutete Frieden und Freiheit.
Meine Wiege hieß „Sonnenaufgang"
Dies ist vergessen, verschleiert
Grund ist der Zwang.
Ich blicke aus der Ferne
immer wieder gerne dorthin.
Ich wuchs als Frau frei und mit Würde auf.
Erhielt Bildung im Namen des Islam,
hatte große Visionen.
Ich hatte als Frau, als Person, einen Wert.
Meine Worte fanden Gehör.
Dann kam der Stein der Geschichte ins
Rollen.
Damit begann dort das Drama,
folgten Jahre der Qual und Zerstörung.

Morgenwind

Mein Herz erbebt, wenn ich deinen Namen
erwähne.
Ich spüre Freude, wenn ich in dir verweile.
Oh, staubige Erde!
Das Ruhen in deinem Schoß,
in diesen Zeiten - nur ein frommer Wunsch.
Die Sehnsucht nach dir beschert mir
schlaflose Nächte.
Meine zerstörte Wiege im Morgenland.
Das Warten nimmt ein Ende, ich atme deine
Luft,
deine Wärme gibt mir Kraft,
nimm nun das Glas, die „Piyala",
gibt mir Wasser von deinen Quellen im
Garten.
Im „Tjar-Bagh", im Vier-Garten fließen vier
Bäche,
 frisches Wasser, das erfrischt das Gemüt.
Ich trinke „Ab-e Shifa", „gesegnetes
Wasser",
 es heilt und stärkt.

Dein gezeichneter Körper wird beschützt
von dem grünen Schirm am Horizont.
Ein neuer Morgenwind erfrischt, erweckt die
Seele.
Der Staub verweht, es fließen die Quellen,
der Duft von „Nastaran" und Apfelbäumen.
Die Gunst der Zeit, sie gibt mir Vieles.
Oh Schöpfer dieser Schönheit,
Du bist der Inhalt, die Quelle meiner
Träume.
Die Hoffnung erfüllt mich,
führt die Feder in meiner Hand.

Der Regenbogen

Ein Gefühl der Ewigkeit,
 Rosen blühen,
Tulpen gedeihen,
die Jahreszeiten kommen und gehen,
Kinder erblicken das Licht der Welt.
Ob die alten Weisheiten gelten?
Am Fuße des Berges ist ein Zelt,
ein Licht brennt und ein Wind weht,
am Horizont erscheint ein Regenbogen.
Das Schauspiel ist von kurzer Dauer,
allen gefällt es.
Wenn die Nacht sich ankündigt,
ruhen erschöpfte Menschen hinter den
Fenstern.
Alles ist vergänglich,
wie der Regenbogen!

Musik

Ich höre Musik
in dieser Stille.
Musik, die trägt, beruhigt und einen
besseren Morgen verkündet.
Hektik, Hast und Eile
sind in der Nichtigkeit begründet.
Komm, setz dich,
mit geschlossenen Augen,
höre die Stille in dir.
Hörst du die Musik?
Den heilenden Klang in deinem Herzen?
In dieser Stille höre ich Musik.

Die Kluft

Das Rauschen des Wassers im Bach,
das Wehen des Windes in der Luft,
das Lachen der Kinder im Garten,
sie pflücken duftende Rosen.
Reich oder arm,
sie atmen die gleiche Luft.
Von Menschen gemachte Unterschiede
lösen sich auf.

Botschaft

Der Wind, der so rau weht,
das Kind, das so eifrig läuft,
der Mensch, der so wild nach Profit strebt,
die Meere, die gewaltsam toben,
die Wälder, die grausam brennen,
die Äste, die nacheinander brechen,
die Tiere, die lautlos sterben,
Zeichen, die keiner sehen will,
  Botschaften, die keiner wahrnehmen will.
Unsere Erde, die sich so trocken dreht!

Kirschbaum

Überall duftet es nach Jasmin,
Tulpen erscheinen in „Leilas Dasht",
 bunte Trachten tragen die Mädchen.
Wiesen füllen sich,
Liebe zu einander,
macht uns reich.
Die Pracht des Kirschbaums im Garten,
verspricht eine reiche Ernte.
Was man sät, bringt die Ernte.
Säe und pflanze,
so lange es geht.
Denn das Leben ist kurz.

Zauber

Der Frühling ist da,
dessen Zauber ich gestern sah.
Frisches Wasser fließt,
Vögel singen im Chor.
Die Welt ist von innen erneuert.
Wolken sehe ich kaum.
Bewegung ist im Gange,
Hoffnung ist in Sicht,
Licht ist da.
Es erhellt die Welt.
Es spendet neue Kraft und Energie.

Tauben

Der lange kalte Winter
nahm Abschied von den Gemütern.
Sonne, Mond und Sterne,
bereiten Freude.
Mütter und Väter schenken ihren Kindern,
neue Kleider und eine Umarmung.
 Schwestern und Brüder auf den Dächern,
warten geduldig auf die Tauben.
Die schwarzen Raben
 ziehen ab von Kabul.
Die Taube ist ein Symbol,
das Symbol für Frieden und
die Überbringer der frohen Botschaften.
Sie bauen Nester auf den Dächern,
Alle Gesichter strahlen Hoffnung aus.

Ruhe

Dankbar bin ich für diese Ruhe,
sowohl in mir, als auch in der Welt.
Alles ruht,
alles bekommt neuen Mut,
alles zu überdenken
und mit anderen Augen,
die Welt und das Geschehen
zu sehen
Es ist die Gelegenheit,
in sich zu horchen,
sich zu finden,
sich neu zu deklarieren,
und sich neu zu offenbaren.
Zuzugeben,
und auch zurückzunehmen,
was falsch gelaufen ist.
Nutze diese Zeit,
zur Ruhe zu kommen.

Morgenstund

„Morgenstund hat Gold im Mund",
sagt ein Sprichwort.
Wie ist es zu verstehen?
Silberweiß ist der Himmel,
frühmorgens, zu dieser Stunde.
Die Nacht nimmt Abschied,
auf einem Schimmel geschwind.
Sanfte, goldene Strahlen der Sonne,
grüßen mit einem Lächeln.
Mich erfüllt eine Freude,
ein warmes Gefühl
der Glückseligkeit.

Kabul

Dein Grundstein wurde vor 3000 Jahren
gelegt.
Du bist eine Stadt, die viel zu erzählen hat:
Von hohen Kulturen,
von Frauen und Männern, die dich schätzten,
die dich zu einem Ort des Wachsens
machten.
Bildung zu erwerben war hochgeschätzt.
In deinem Armen wuchs ich auf, sanft und
stolz,
als Mädchen mit Bewusst sein und Pflicht.
Ich erwarb Wissen, um der Menschheit zu
dienen,
mein Können der Gesellschaft zur
Verfügung zu stellen.
Nun bist du verletzt, staubig und umkämpft.
Die Dunkelheit der Nächte ist gewachsen.
Aber es wird der Morgen kommen,
ein Morgen mit goldenen Sonnenstrahlen.
Du bist doch „Kabulistan",
„Gulistan" der bunte Garten,

in der Welt der Kulturen.
Deine Blumen werden wieder
zum Blühen kommen.

Heidelberg I

Deine Ader, der Neckar, fließt ruhig.
Die Häuser am Ufer des Flusses sind
unauffällig.
Aus den Fenstern betrachten die Menschen
den Philosophenweg
Und fragen sich, ob unter den Passanten,
auch Philosophen sich befinden?
Ob die Spaziergänger über den Sinn des
Lebens
sich zu besinnen wagen?
Denn die Schnelllebigkeit der modernen Zeit
lässt es doch gar nicht zu!

Heidelberg II

Du bist verträumt und doch so lebendig.
Deine Häuser aus Sandstein,
deine schmalen Gassen,
die Pflastersteine dicht an dicht.
Dein Wahrzeichen, das Schloss am Berg,
die Molière Aufführung vor der Ruine des
Turmes,
die Klavierklänge im Hof des Schlosses,
die Bergbahn voller Touristen
verleihen dir besonderen Charme und
Schönheit.
Du bist einzig in deiner Art,
inspirierend wirkst du auf Menschen,
die Ursprünglichkeit mögen.
 Ein Glück, dass du vom Zorn der
Geschichte
 verschont geblieben bist.
Du schließt mich in deine Arme,
du lässt mich träumen in deinen Räumen,
am Fluss, im Wald, auf den Bergen.
Deine Straßen und Gassen erzählen mir

von Denkern, Dichtern, Philosophen und
Wissenschaftlern,
die dich besuchten,
die in dir verweilten,
die in dir heimisch wurden,
die hier ihr Herz verloren.
Mich inspirierst du, nach Worten zu greifen,
immer wieder durch das Medium der
Sprache
aus der Welt meiner Seele Bilder zu malen.
Die Welt an meinen Gefühlen teilhaben zu
lassen.
Diese Gabe!
verstehe ich als Zeichen des göttlichen
Segens.
Demut ist das Zeichen meiner Dankbarkeit.

Heidelberg III

Etwas zeichnet dich besonders aus.
Es ist die Wissensstätte, die Universität,
die so in dir verflochten ist,
die mit dir verschmolzen, und doch so
eigenständig ist.
Sie hat ihren Platz bei dir gut gewahrt,
sie ist die Wiege der Wissenschaft in diesem
Lande,
die Menschen
aus aller Welt zu dir einlädt.
Daher strahlst du so offen herzig,
so umarmend in Demut.
Dankbar bin ich, eine solche
Wissenssuchende
bei dir gewesen zu sein.

Frankfurt am Main I

Die Stadt, die mich willkommen hieß.
Ängstlich, vertrieben aus dem eigenen Haus,
kam ich mit großer Hoffnung.
Frankfurt am Main begrüßte mich.
Strahlend, sauber und lebendig
öffnete sie ihren Himmel,
für die Landung meiner Träume.
„Ich kehre in mich selbst zurück und finde
eine Welt"
So zutreffend sagte es Frankfurts größter
Sohn
J. W. von Goethe.
Das ist die Welt, in der ich lebe.
Sie ist in mir, tief und groß.
Sie bietet Platz für viele Träume, für Taten
und
Wirken mit Freude.
In der immer Frieden herrscht.

Frankfurt am Main II

Am Main verbrachte ich Stunden.
Als Suchende nach Wissen trug ich dorthin
meine Bücher.
Der Main floss ruhig und gleichmäßig.
Er gab mir neue Gedanken,
brachte frische Luft in Gange.
Optimismus machte sich breit.
Manchmal fragte ich mich,
ob mein Suchen doch nicht überflüssig sei?
Ich tauchte in meine Welt,
die Antwort war immer ein Lächeln.
Ich las weiter und die Tage vergingen.
Die rot-violetten Sonnenstrahlen am
Horizont,
versprachen mir schöne Morgen.
Dankbar stand ich mit der Urkunde in der
Hand,
vor Freude flossen Tränen aus meinen
Augen.
Sie tropften in den Main,
sie schickten mir Herzensruhe.

Glücklich fuhr ich zum Vater,
der immer an mich geglaubt,
der mir das Gute in der Welt zeigte,
der das Suchen nach Wissen
 als höchstmenschliche Tugend
mir beibrachte.
Vater und Mutter saßen da.
Vater schaute zu mir und sagte,
„Shukr"!
Mutter lächelte dazu.
Das ist ein unvergesslicher Moment in
meinem Leben.
So wurde ein wichtiger Traum wahr.
Es geschah in Frankfurt am Main.
Mein Herz ist voll von Dankbarkeit.

11. Juli 2016

Paris

An der Gare de l'Est komme ich an.
Ich nehme die Metro Richtung
Porte de Versailles.
Der Himmel ist klar, die Vögel fliegen
singen hoch.
Es scheint, als ob sie ein Fest zu feiern
hätten.
An der Porte du Versailles steht eine
Willkommensgruppe,
die die Gäste herzlich begrüßt und
sie zur Jubiläumshalle begleitet.
Mein Herz pocht vor Freude.
Ich rezitierte leise zauberhafte Verse von
Rumi,
 die von Liebe und Glücksgefühl
erzählen.
Ich begegne lachenden Gesichtern,
von denen mir manche bekannt sind.
Umarmung, liebevolles Händedrücken
sehe ich nur.

In mir spüre ich Energie, wie ich sie selten
spürte.
Das Lachen der Gäste hat einen besonderen
Klang,
melodisch, herzlich und ehrlich.
Alles verläuft in Harmonie.
Das Jubiläum bringt mir
neuen Schwung im Leben.
Paris du warst immer meine Traumstadt,
Paris du bleibst für mich
eine ewige Stadt der Freude.

23.6.2018

London

Im Hyde Park verbrachte ich viele Stunden.
Die Weite, die Wiesen und die hohen Bäume
erfrischen mich immer aufs Neue.
London, du bist eine Weltstadt mit Weitsicht,
die Vielfalt lebt in Harmonie.
In South Kensington finde ich die Welt,
dort befindet sich das I-Centre,
auf dessen Dach im „Tjar-bagh" ruhte ich
oft,
ließ ich mich von dem Klang des Wassers
inspirieren,
motivieren, denn es gab vier Bäche.
Dort dachte ich nach,
und es flossen aus mir
inspirierende Worte.
Die Museen in dieser Gegend
führen mich in die Ferne.
Kunst und Musik aus aller Welt,
lassen sie ineinander
verschmelzen.
Denn es gibt nur eine Welt.

Lissabon

Schöne Jahre der Wanderschaft
 in der Welt des „Khedmat", der freiwilligen
Arbeit,
gingen für mich in dieser wunderbaren Stadt
zu Ende.
Der Abschied wurde mit Herz organisiert,
in unserer Gruppe waren alle bestmotiviert.
Die Rückschau auf die Arbeit machte mich
glücklich,
denn es wurde das Beste versucht,
 ehrlich, fröhlich, vertrauensvoll,
mit Hingabe und Demut.
Der Raum im I-Centre war ein besonderer
Raum,
dort fand das Abschiedstreffen statt.
Die Stadtbesichtigung war ein Genuss.
Die Begegnung mit Menschen voller Freude.
Das Rauschen des Wassers aus der Nähe,
der Spaziergang barfuß am Strand,
der leise Wind am Abend,
der Sonnenuntergang über dem „Tejo",

bescherte uns Lissabon jeden Abend.

Juni 2018

Diamant-Jubiläum

Wir sind vom Glück verwöhnt,
 dies zu erleben.
60 Jahre ist es her.
Fröhliche Gesichter,
lachende Kinder und Erwachsene,
befinden sich auf den Wolken ihrer Träume.
Die Herzen sind frei von Angst, Hass und
Gier.
Es gibt nur noch Freude.

Der Vortrag

Ach wie herrlich war die
Morgendämmerung.
Die Nacht hatte sich verabschiedet und
 ein besonderer Tag brach an.
Mein Herz schlug schneller,
die Freude nahm Platz.
Der Moment näherte sich schnell.
Es war ein Geschenk, eine ganz besondere
Ehre,
dass ich den Vortrag halten durfte,
dass ich in zwei Sprachen sprechen konnte.
Der Segen dieses Tages trägt mich
 in meinem Tun und Wirken.
 Ich spüre immer noch die Kraft in mir.
Dankbar schaue ich zu diesem Tag zurück.

Do, 28. Juni 2018

Meinen Kindern gewidmet:
Zwei Sterne

Der Himmel ist voller Sterne.
Für mich leuchten Zwei ganz hell.
Sie leuchten warm, klar und
besonders im Himmel meines Herzens.
Sie geben mir Kraft und bauen mich auf,
 wenn mal der Himmel ganz grau ist,
wenn die Sonne nicht so stark scheint,
wenn der Tau nicht die Blumen küsst,
wenn der Morgen trüb ist.
Ihre ehrlichen Blicke,
ihre reinen Herzen,
ihre wohlgemeinten Worte
und ihr Dasein sind für mich das höchste
Glück
auf Erden.

Begegnung

Es war an einem 17. Dezember
Todestag des großen Dichters Rumi,-
in Heidelberg,
als ich die Kennerin des Orients,
die Liebhaberin der orientalischen Literatur,
die Weltenreisenden in Poesie und Dichtung,
die große Nachtigall der deutschen Literatur,
Annemarie Schimmel nach ihrem Vortrag
über Rumi,
im DAI begegnete.
Sie sprach mit einem Lächeln,
ihr Blick nach innen gerichtet.
Ihr Dasein auf der Bühne,
verkörperte Würde und Menschlichkeit.
Sie brachte die versammelten Zuhörer in
höhere Sphären
durch Kraft der Worte, durch ihre
Erkenntnisse,
regte sie die Phantasie,
und die Vorstellungskraft an

in ihrer Bewunderung für ein „west-
östliches Leben".
Sie baute eine goldene Brücke,
zwischen Orient und Okzident,
zwischen Morgenland und Abendland,
zwischen Christentum und Islam.
Ich hatte ein Buch von ihr in meiner Hand,
„Ein Buch namens Freude".

Dankbarkeit

Es ist ein Zufall,
wo du geboren wirst.
auf welchem Teil der Erde,
du das Licht der Welt erblickst.
Dich treiben die Wellen umher.
Bleib in deiner Mitte und beständig,
dort findest du Ruhe,-
dort zu verweilen lohnt sich nur.
Dankbar bin ich für diese Gabe,
für den Weg dorthin,
von Mutters Schoß,
von Vaters Hand,
dafür was ich mitgegeben bekommen habe,
dankbar bleibe ich ewig.

Glossar

1- Ab-e Shifa (Heilwasser)
2- Bahar (Frühling)
3- Dasht (Halbwüste, Weite)
4- Djami (Abd al-Raḥmān ibn Aḥmad Nūr al-Dīn Ğāmī , Dichter, 1414-1492)
5- Firdausi (Abu l-Qasem-e Ferdousi, Dichter, gest. 1020, Iran)
6- Gulistan (Blumengarten, Rosengarten)
7- Hafiz (Mohammed Schamseddin, persischer Dichter, 1315-1390)
8- Ilm (Wissen)
9- Iqbal Mohammad (pakistanischer Dichter und Philosoph, 1877-1938)
10- Jashn: (Feier, Festtag)
11- Kabul (Hauptstadt von Afghanistan)
12- Katakhak (der Name eines Dorfes in Zentral-Afghanistan)
13- Khedmat (freiwillige Arbeit /Dienstleistung)
14- Khorassan (alter Name für Afghanistans)
15- Leilas Dasht („Halbwüste Leilas" ein Gebiet im Norden Afghanistans, in dem im Frühling wilde Tulpen blühen)
16- Mubarak (gesegnet)
17- Nasser-e Khosrau (Dichter, Philosoph, 1004-1088, geboren in Balkh, gestorben in Badakhshan, Khorassan, heutiges Afghanistan)
18- Nastaran (wilde Rosen)

19- Nauroz: Neujahr, der 21. März ist Frühlingsanfang und Neujahrsfest im persisch-sprachigen Raum, in Zentralasien und für Ismailiten auf der ganzen Welt (Farsi Nau = neu, Roz = Tag).
20- Piyala (Tasse)
21- Qassida (spirituelles Gedicht, Gesang)
22- Rabiʻa Balkhi (Dichterin, 856-926, Balkh, Khorassan. Heute liegt Balkh im Norden von Afghanistan)
23- Rodaki (Abuabdullah Dschafari Rudaki, Dichter, 858-940, Khorassan)
24- Roz (Tag)
25- Rumi (Dschalāl ad-Dīn Muhammad , Dichter, geboren 1207 in Balkh, heute im Norden Afghanistans, gest. am 17. Dezember 1273 in Konya, Türkei)
26- Saʻadi (Abu-Muhammad Muslih al-din bin Abdallah, Dichter, geboren 1210 in Shiraz, heute Iran)
27- Shukr (Danke)
28- Sufra (Essenstafel, traditionell wird sie auf dem Boden angerichtet und bietet Platz für viele Personen)
29- Sukun (innere Ruhe)
30- Tabakhana (Raum mit traditioneller Bodenheizung)
31- Tschjar-Bagh (Vier-Gärten, eine Bezeichnung für einen besonderen Garten)
32- Zarin: golden

33- Zitat: „Stirb und werde", west-östlicher Divan, J.W. von Goethe, Hamburger Ausgabe 2. Band.

Dank

Ich möchte meiner Familie und meinen Freunden ganz herzlich dafür danken, dass sie mich bei der Realisierung des Buches unterstützt haben.

Shogufa Bahâr wurde in Afghanistan geboren und emigrierte nach der sowjetischen Invasion mit ihrer Familie 1982 nach Deutschland. An der Universität Heidelberg erlangte sie ihren Magister Artium und an der Universität Frankfurt ihre Promotion im Fach Erziehungswissenschaft. Ein Gedichtband in Farsi erschien 2019.

„*Bisher hat Shogufa Bahâr ihre Gedichte in ihrer Muttersprache Farsi geschrieben und veröffentlicht. Zum ersten Mal wagt sie es auf Deutsch. Nicht nur deshalb sind die Gedichte von Shogufa Bahar etwas ganz Eigenes. Auf Deutsch gedacht, formuliert und geschrieben sind, erreichen sie uns deutschsprachige Leserinnen und Leser direkt. Trotzdem bedienen sie sich der Formen der persischen Gedichttraditionen, ihrer Bilder- und Gedankenwelt.*
Sie faszinieren und wecken zugleich den Wunsch, mehr Zugang zu dieser Sprach- Kultur- und Lebenswelt zu finden. Heimweh und Erinnerung an eine unwiederbringlich vergangene Zeit im Orient finden Ruhe im Neuanfang im Okzident, ohne dabei übergangen oder vernachlässigt zu werden."

Gisela Frommer
Orientkennerin